Pregunta esencial

¿Cómo promueve la tecnología ideas creativas?

Salomón Hakim

Marcela Villegas-Gómez
ilustrado por Javier E. Pérez

Introducción

Hace un tiempo, muchas personas morían a causa de enfermedades que hoy se pueden curar. Gracias a las indagaciones e investigación de los científicos, nuestra vida es más segura y cómoda que la de las personas que vivían unos siglos atrás.

Para solucionar un problema complicado, se requieren conocimientos de distintos campos de las ciencias.

El neurólogo colombiano, Salomón Hakim, fue un médico experto en el cerebro. Tenía conocimientos de electrónica, física y mecánica. Él combinó sus conocimientos para encontrar una solución que cambió la vida de miles de personas.

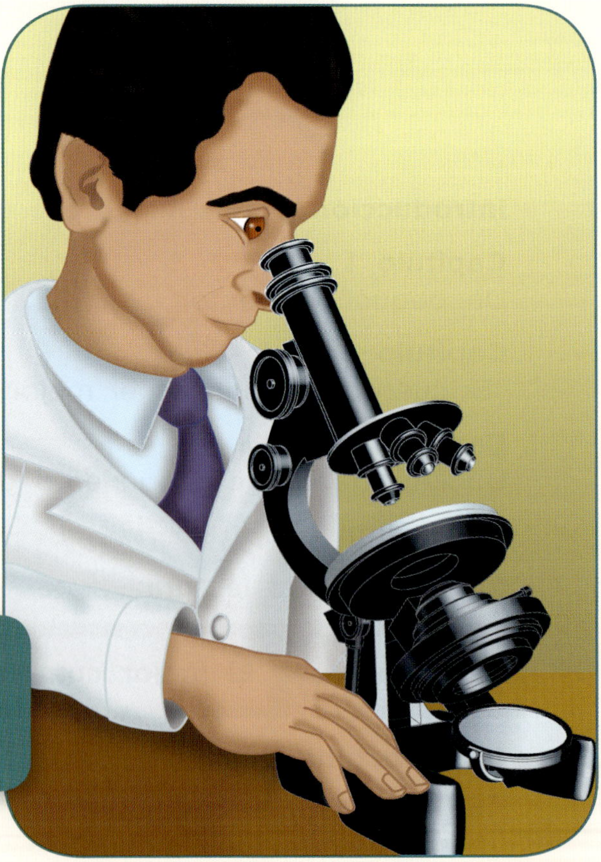

Gracias a la labor de los científicos, las personas viven mejor hoy en día.

La mecánica de fluidos es una rama de la física que estudia el movimiento de los líquidos y la fuerza que lo provoca. El doctor Hakim aplicó esta ciencia para entender una destructiva enfermedad del cerebro e inventar un tratamiento.

Hakim, impulsado por su curiosidad, encontró una solución novedosa usando su capacidad de observación, y habilidad manual. También fueron muy importantes su constancia y perseverancia. No se desanimó cuando pocos médicos y pacientes creyeron en su descubrimiento.

A continuación, leerás sobre la vida del doctor Hakim. Conocerás su trabajo, sus descubrimientos, invenciones y las cualidades que hicieron de él un científico muy importante.

Salomón Hakim dedicó su vida al estudio de la relación entre la medicina y la física.

Capítulo 1

Un pequeño inventor

Salomón Hakim nació en 1929 en Barranquilla, una ciudad colombiana. Sus padres venían del Líbano, pero habían vivido antes en Cuba.

Cuando Salomón era muy pequeño, la familia se mudó a Ibagué, una ciudad del interior de Colombia. Allí, él y sus hermanos recibieron una excelente educación. Su padre, Jorge Hakim, quería transmitir a sus hijos la pasión por la música. Salomón tomaba clases de piano y órgano todos los días después de la escuela. El amor por la música lo acompañó siempre.

Salomón era muy curioso. Le interesaba mucho la tecnología y los aparatos. Al principio desarmaba aparatos para saber cómo funcionaban y, con el tiempo, aprendió a construir sus propias máquinas con partes de otros aparatos y materiales caseros.

Barranquilla es una ciudad de la costa caribe de Colombia. Muchos inmigrantes libaneses hicieron de esta ciudad su nuevo hogar.

Los padres de Salomón le dieron los materiales para sus indagaciones y fueron comprensivos cuando sus experimentos fallaron, como en el caso de la **incubadora** de pollos.

Salomón puso huevos fertilizados en una incubadora, que había hecho con cajas de cartón y aserrín. Añadió una fuente de calor eléctrica y la conectó a un termostato. Este es un aparato que mantiene una temperatura constante. Salomón imaginó, que si ponía la incubadora a la temperatura del cuerpo de las gallinas, saldrían pollitos de los huevos. Pero su termostato falló y la temperatura subió por encima de lo calculado. Su incubadora se convirtió en un horno y no nacieron pollitos. Este pequeño **fracaso** no desanimó a Salomón. Por el contrario, continuó haciendo experimentos.

En la adolescencia, a Salomón le apasionaron dos campos que fueron fundamentales para sus futuros inventos: la electrónica y la mecánica.

Salomón construyó muchos aparatos. Algunos, como los radios de **galena**, funcionaban muy bien. La galena es un mineral que forma cristales. Esta se utiliza en la construcción de radios muy sencillos, que no necesitan electricidad para funcionar. A pesar de que los radios que construía Salomón eran muy simples, sintonizaban emisoras de Francia, al otro lado del Atlántico.

Cuando cumplió 11 años, Salomón y unos de sus hermanos se fueron a estudiar a Bogotá, la capital de Colombia. Allí vivieron internos en el colegio y solo veían a sus padres durante las vacaciones.

Salomón fue un alumno aplicado e inteligente. En el colegio nunca se daba por vencido cuando quería aprender algo. Era tan responsable y dedicado, que su profesor de Física le dio las llaves del laboratorio para que trabajara en sus experimentos.

Detective del lenguaje

La oración subrayada es simple. Busca otra oración simple en esta página.

En su tiempo libre, Salomón construía radios de galena que vendía a sus compañeros. Con este dinero y el que le daban sus padres, ahorró y compró dos aparatos de transmisión. Los usaba para hablar con su familia que estaba a 160 kilómetros (99 millas) de distancia. Su papá le transmitía desde su casa sus conciertos de piano favoritos.

Cuando no estaba estudiando, o haciendo experimentos de física, Salomón se distraía tocando el **acordeón**. El célebre escritor colombiano, Gabriel García Márquez, lo conoció tocando este instrumento en un viaje en barco, en 1944. Probablemente Salomón regresaba de vacaciones a estudiar en Bogotá.

Posteriormente, Hakim terminó la secundaria y tomó una importante decisión.

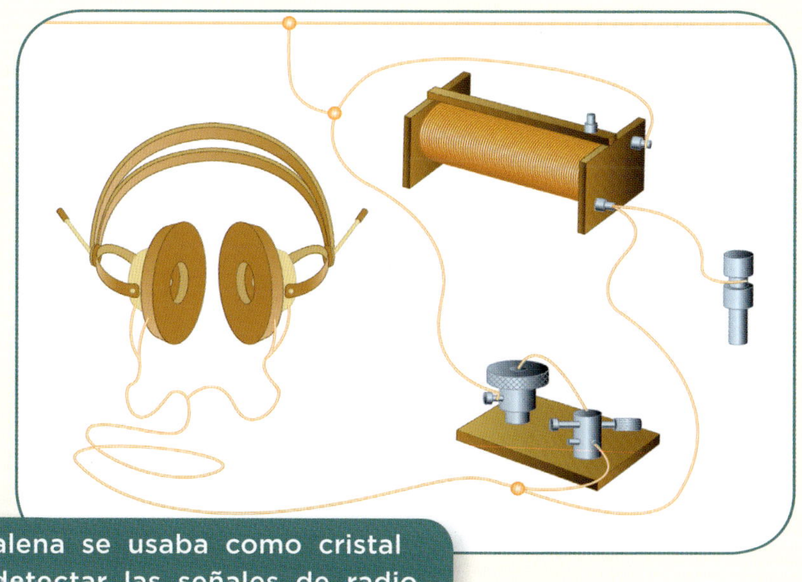

La galena se usaba como cristal para detectar las señales de radio.

Capítulo 2

"El cuerpo humano es el mejor laboratorio"

El tatarabuelo, el bisabuelo y el abuelo de Salomón Hakim habían sido médicos. Sin embargo, sus padres querían que él fuera músico. Aunque Salomón amaba la música, decidió estudiar medicina en la Universidad Nacional de Colombia. Tomó esta decisión, porque le interesaba mucho investigar el cuerpo humano. Decía que este era el mejor laboratorio.

Durante los primeros **semestres** en la universidad, Salomón inventó un aparato eléctrico para tratar enfermos en un hospital psiquiátrico. Además, hizo experimentos para medir la energía que producen los músculos del estómago durante la **digestión**. También estudió la recuperación de huesos rotos con ayuda de la electricidad. Se graduó con honores como médico alrededor de 1950.

!

Los científicos hacen experimentos para poner a prueba las hipótesis que formulan. Este procedimiento se llama método científico.

En el cuerpo humano ocurren miles de procesos físicos y químicos.

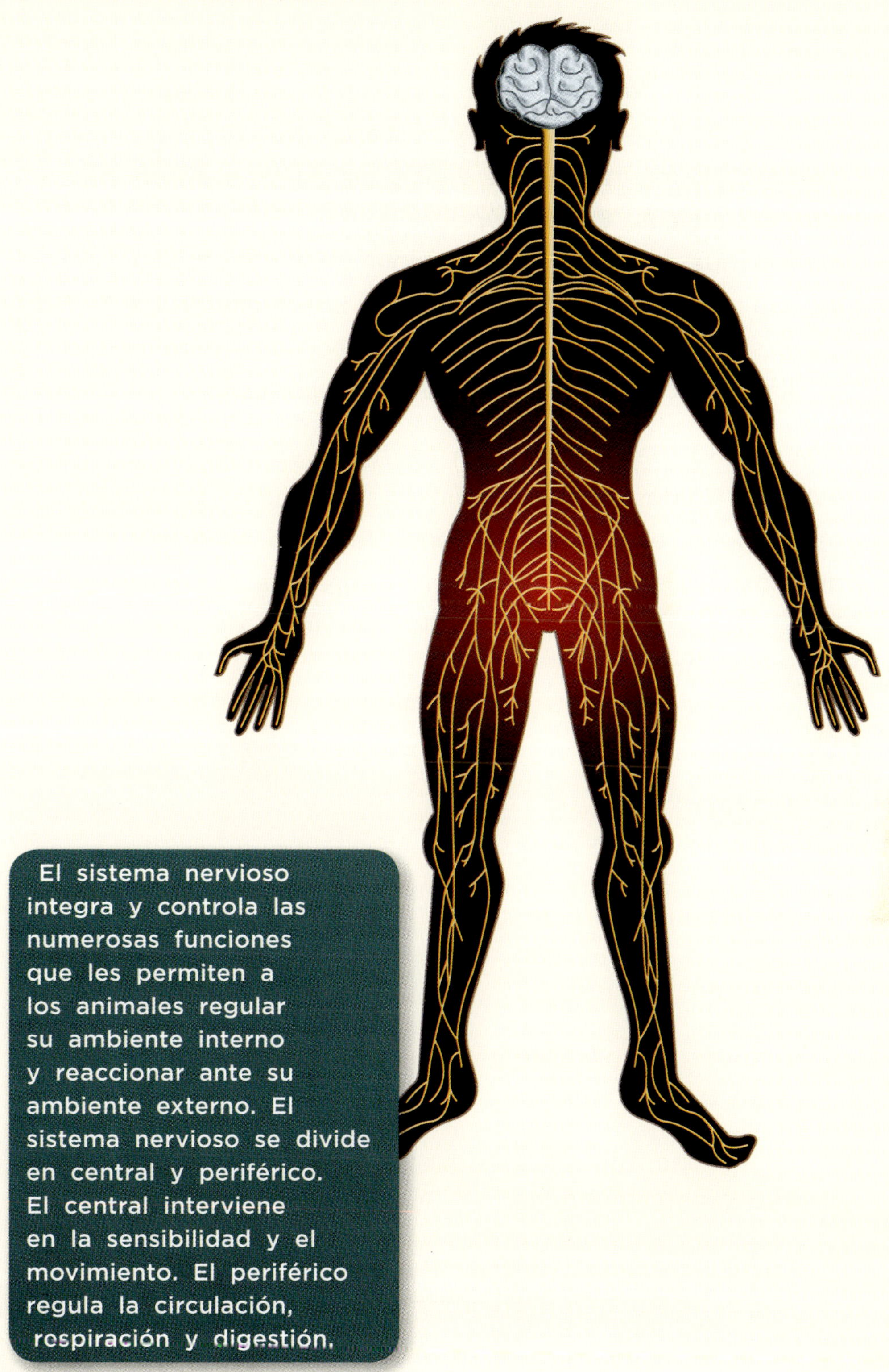

El sistema nervioso integra y controla las numerosas funciones que les permiten a los animales regular su ambiente interno y reaccionar ante su ambiente externo. El sistema nervioso se divide en central y periférico. El central interviene en la sensibilidad y el movimiento. El periférico regula la circulación, respiración y digestión.

El interés de Hakim por la electrónica lo llevó a estudiar el cerebro. Al fin y al cabo este órgano tiene millones de neuronas que funcionan mediante impulsos electroquímicos. En esa época, la neurología era una ciencia nueva en Colombia. Había muy pocos profesores en esa rama de las neurociencias. Los hospitales y universidades no tenían equipos adecuados para hacer el **diagnóstico** de enfermedades cerebrales.

En 1950, Salomón Hakim se fue a estudiar a Estados Unidos. En Massachusetts aprendió las técnicas para operar el cerebro humano. También aprendió a diagnosticar sus enfermedades. Regresó a Colombia en 1956, donde ayudó a fundar los servicios de neurología de varios hospitales.

NEUROCIENCIAS

Las ciencias que estudian el sistema nervioso se llaman neurociencias. Las neurociencias médicas se enfocan en las enfermedades del sistema nervioso.

La neurología estudia las enfermedades y su tratamiento.

La neuropatología estudia las causas de estas enfermedades.

La neurocirugía se especializa en su tratamiento mediante cirugía.

Capítulo 3

Un importante descubrimiento del joven doctor

En la actualidad existen aparatos y exámenes para saber con mucha precisión lo que sucede en el cerebro. Estos no existían a mediados del siglo pasado. Entonces había muy pocas herramientas para explorar el interior de la cabeza. Los médicos dependían de su capacidad de observación, indagación y demostración.

En 1957, el doctor Hakim recibió un caso médico sin explicación. Era un joven de 16 años que había quedado completamente incapacitado después de un accidente. Sus ventrículos cerebrales eran más grandes de lo habitual, pero la presión del líquido del cerebro era normal.

El doctor Hakim le extrajo al paciente un poco de líquido del cerebro para examinarlo. Sorprendentemente, el paciente mejoró, de manera considerable, por unos pocos días. Volvió a hablar y a caminar. Luego empeoró.

!

El líquido cefalorraquídeo circula por los ventrículos cerebrales y el canal medular central. Es útil en el estudio de las enfermedades del sistema nervioso central o periférico.

Tiene tres funciones: mantiene flotante el encéfalo; sirve de vehículo para transportar los nutrientes al cerebro y elimina los desechos; fluye entre el cráneo y la médula espinal.

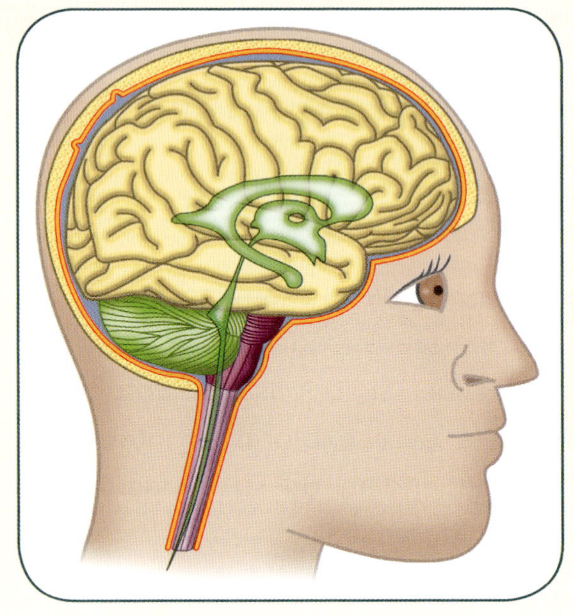

Los ventrículos del cerebro son cuatro compartimentos llenos de un fluido: el líquido cefalorraquídeo. Su función es sostener los tejidos del cerebro.

El doctor Hakim tenía conocimientos de mecánica de fluidos. Por tanto, concluyó que debía bajar la presión del líquido en el cerebro del paciente. Para esto fabricó una **válvula** especial y se la puso. El joven se recuperó por completo.

Muchos médicos dudaban que un joven doctor, que no disponía de muchos recursos, pudiera descifrar y curar una inexplicable enfermedad. Pero Hakim no se desanimó y continuó acumulando evidencia.

Un día, a su consultorio llegó una mujer estadounidense con los síntomas de la enfermedad. Cuando el doctor propuso ponerle la válvula, la paciente exigió que la operación se realizara en Estados Unidos.

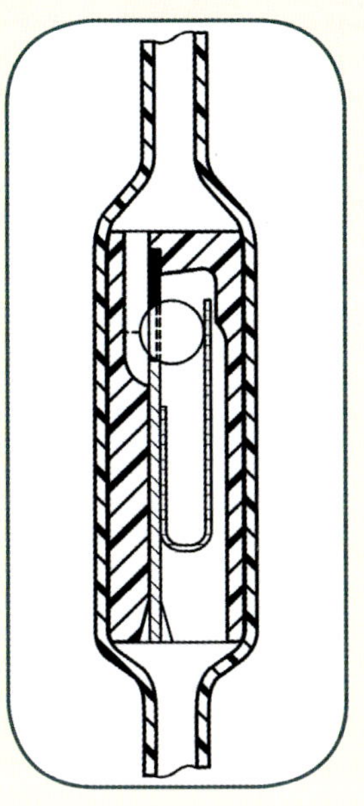

Los inventores registran sus inventos en la Oficina de Patentes y Marcas del Departamento de Comercio de Estados Unidos. A esto se le llama sacar una patente. La patente explica, entre otras cosas, quiénes son los inventores, en qué consiste el invento y cómo funciona. También incluye dibujos en los que aparecen todas las partes del invento. Las patentes otorgan derecho exclusivo a los inventores de producir y vender sus inventos.

Hakim viajó con la paciente a Boston. Allí explicó la enfermedad. La llamó hidrocefalia con presión normal. En 1965, publicó los resultados de su investigación y, desde entonces, la enfermedad se conoce como síndrome de Hakim.

La válvula de Hakim

Aunque las pequeñas válvulas eran muy difíciles de hacer, en un principio, Hakim las fabricó en su taller. Después, hizo un trato con una compañía estadounidense para que las fabricara en grandes cantidades. El doctor Hakim siguió fabricando en su taller las válvulas que se implantaban en Colombia. Muchas de ellas fueron donadas a los pacientes.

Detective del lenguaje

En la oración subrayada, ¿por qué se utiliza el punto aparte?

El doctor Hakim ayudó a entender cómo se mueve el líquido en el cerebro. También demostró que algunas enfermedades mentales se pueden curar. Recibió importantes premios científicos por estos trabajos.

En 1964, Hakim patentó su válvula en Estados Unidos. Una patente es un documento que protege al inventor de que otros usen su invención sin pagarle. Él patentó más de 30 inventos. Muchos de ellos son aplicaciones de la biomecánica. Esta es una ciencia que integra la mecánica, la ingeniería, la anatomía y la fisiología.

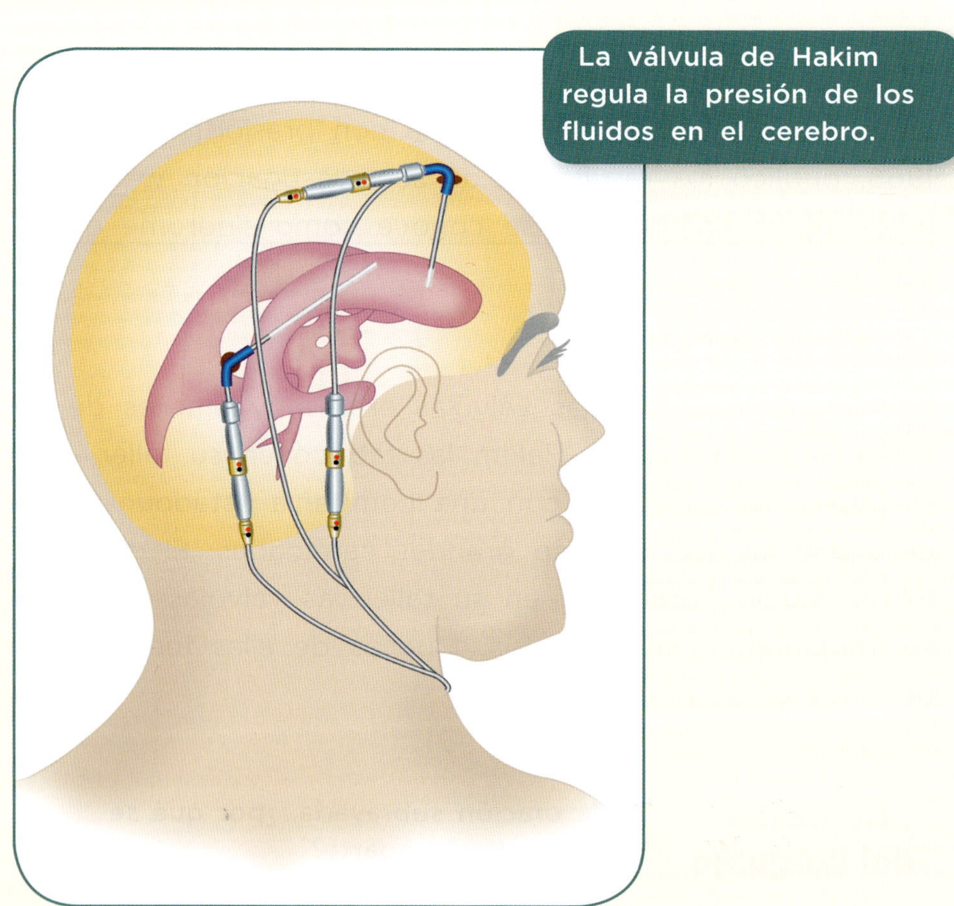

La válvula de Hakim regula la presión de los fluidos en el cerebro.

Conclusión

El doctor Hakim le dio un gran impulso a las neurociencias en Colombia. Fue uno de los pioneros de la biomecánica en el mundo. Además de la válvula, el doctor inventó un mecanismo para reparar con plástico las venas rotas del cerebro. También creó un tratamiento para una enfermedad del hígado.

Salomón Hakim murió el 5 de mayo de 2011 en Bogotá, a causa de una hemorragia cerebral. Hasta pocos días antes de morir trabajó en su laboratorio, pues nunca dejó de producir ideas para hacerlas realidad.

Le gustaba mucho repetir esta frase: "Lo que importa son las ideas". Las suyas siguen vivas en miles de pacientes, que se han beneficiado de los tratamientos que creó a lo largo de su vida.

La válvula de Hakim ha evolucionado con la ayuda de varios científicos. Las válvulas actuales son diminutas y tienen un mecanismo que permite cambiar la presión sin tener que operar al paciente.

Resumir

Usa los detalles más importantes de *Salomón Hakim* para resumir cómo promueve la tecnología ideas creativas. Puedes usar el organizador gráfico como ayuda.

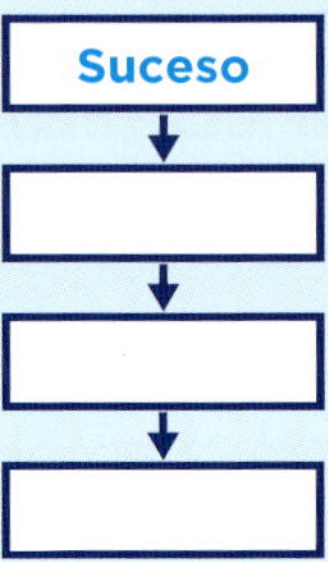

Evidencia en el texto

1. ¿Qué características del texto te indican que *Salomón Hakim* es una biografía? **GÉNERO**

2. En el capítulo 3, ¿qué pasos siguió el doctor Salomón Hakim para inventar su válvula? **SECUENCIA**

3. La raíz griega *hidro-* significa "agua", y la raíz *-céfalo* significa "cabeza". ¿Cómo te ayuda esta información a entender el significado de la palabra *hidrocefalia*? **RAÍCES GRIEGAS**

4. Escribe cómo el interés de Salomón Hakim por la electrónica y la mecánica lo llevaron a resolver un problema médico. **ESCRIBIR SOBRE LA LECTURA**

Género **Ficción realista**

Compara los textos

Lee acerca de cómo unos niños emplean la tecnología para elegir la mejor opción para celebrar el cumpleaños de su mamá.

El mejor cumpleaños

—Mira esto, Camilo, —dice Carlos, mi hermano mellizo.

Él está sentado frente a la computadora buscando en internet ideas para celebrar fiestas de cumpleaños porque el cumpleaños de mamá es el viernes. Papá dijo que podíamos celebrarlo afuera. El único problema es que no hemos llegado a un acuerdo sobre adónde invitarla.

—Lleva a tu ser amado a la fabulosa feria estatal —leo en la pantalla—. Realmente no creo que eso sea algo que le guste a mamá, Carlos.

Yo sé bien que a Carlos le gustaría celebrar su cumpleaños allí, pues es un fanático de las montañas rusas.

—Y tú, Camilo —pregunta papá—. ¿Tienes alguna idea?

—Sí —respondo—. Creo que a mamá le gustaría ir a jugar bolos.

—¡Bolos! —exclama Carlos—. ¿Cuándo ha ido mamá a jugar bolos?

—Bueno, ya sabes que a ella le gustan todos los deportes —respondo.

Rápidamente, Carlos abre otra página web. Mi hermano navega por internet más rápido que un piloto de un carro de carreras en una competencia.

—Mira, ¡aquí hay una encuesta en línea! —exclama Carlos con entusiasmo—. Se trata de exponer tus ideas favoritas sobre algo y luego todos opinan. ¡Es una manera brillante de comparar cosas!

—Tal vez podemos hacer una encuesta por internet para medir la aceptación de la feria estatal y el juego de bolos —sugiero.

—¡Excelente idea! —dice papá.

Carlos publica en línea lo que estamos planeando para el cumpleaños de mamá. Luego les pide a nuestros amigos y familiares que comenten cuál idea les gusta más, la suya o la mía.

Illustration: Mike Laughead

Les damos a las personas tres días para responder y, casi de inmediato, empiezan a llover los comentarios.

"Carlos, ¡no imagino a tu mamá en la feria lanzando hurras por el cerdito que recibió como premio!", escribe nuestra vecina María.

—¡Te lo dije! —le digo a Carlos, quien se está riendo del nuevo comentario.

"Camilo, ¿vives en Ciudad Aburrimiento?", escribe la hermana más joven de mamá desde Florida.

—¡Así se hace, tía Betty! Sé que Carlos está convencido de que va a ganar.

Después de tres días, los resultados están divididos. A pesar de la confianza de Carlos, ¡hay un empate! Entonces, decidimos trabajar en equipo, juntamos nuestras ideas y llegamos a la solución perfecta: llevar primero a mamá a jugar bolos y luego a la feria estatal. Y, como es mamá, lo declara el mejor cumpleaños de toda su vida.

Illustration: Mike Laughead

Haz conexiones

¿Cómo emplean los mellizos la tecnología para llegar a un acuerdo sobre cómo celebrar el cumpleaños de su mamá? **PREGUNTA ESENCIAL**

¿Cuál fue el papel de la tecnología en los inventos de Hakim y en *El mejor cumpleaños*? **EL TEXTO Y OTROS TEXTOS**

Glosario

acordeón instrumento musical de viento, cerrado por dos cajas, con un cierto número de teclas ***(página 7)***

diagnóstico análisis que se hace de algo para entender lo que pasa ***(página 10)***

digestión transformación de los alimentos en el estómago ***(página 8)***

fracaso no obtener un buen resultado en un proyecto ***(página 5)***

galena mineral de plomo usado en la construcción de los primeros radios ***(página 6)***

incubadora aparato de temperatura constante utilizado para facilitar el crecimiento de seres vivos ***(página 5)***

semestre período de seis meses ***(página 8)***

válvula dispositivo que regula el paso de líquidos entre diferentes conductos ***(página 12)***

Índice

Enfoque:
Ciencias

Propósito Explorar cómo la tecnología promueve ideas creativas.

Procedimiento

Los científicos trabajan para inventar cosas con las que se puedan resolver problemas. El primer paso en un proceso científico es generar ideas creativas que puedan resolver el problema. El siguiente paso es probar las ideas haciendo experimentos. Los científicos prueban sus ideas hasta que encuentran la solución a un problema.

Paso 1 Con un compañero o una compañera, elige una invención tecnológica que quieras investigar.

Paso 2 Busca el invento que elegiste en la biblioteca o en internet. Consulta qué procesos siguieron los científicos para llegar al invento.

Paso 3 Con la información que encontraste realiza una presentación visual o haz un cartel, que muestre la invención y el proceso que siguieron los científicos. Muéstrale tu presentación a la clase y compara las ideas que se expusieron.

Conclusión ¿Cómo podría la invención que investigaste promover aún más la tecnología?